DISCOURS

SUR L'UTILITÉ DU MUSÉE

ÉTABLI À PARIS;

PRONONCÉ DANS SA SÉANCE PUBLIQUE
DU 1er. DÉCEMBRE 1784,

PAR

M. L. E. MOREAU DE SAINT-MÉRY,

EX-SECRÉTAIRE PERPÉTUEL
DE CE MUSÉE,

CONSEILLER D'ÉTAT, L'UN DES COMMANDANS
DE LA LÉGION D'HONNEUR,

ADMINISTRATEUR GÉNÉRAL
DES ÉTATS DE PARME, PLAISANCE,
GUASTALLA ETC. ETC.

MEMBRE DE LA SOCIÉTÉ IMPÉRIALE D'AGRICULTURE DE PARIS, DE LA SOCIÉTÉ LIBRE D'AGRICULTURE DU DÉPARTEMENT DU DOUBS, DE LA SOCIÉTÉ DES SCIENCES LETTRES ET ARTS DE PARIS, DE L'ATHÉNÉE DES ARTS ET DE LA SOCIÉTÉ DES BELLES LETTRES DE LA MÊME VILLE, DE LA SIMPÉMÉNIE DU RUBICON, DE LA SOCIÉTÉ PHILOSOPHIQUE DE PHILADELPHIE, ETC. ETC.

À PARME.

IMPRIMÉ PAR BODONI.

MDCCCV.

AVANT-PROPOS.

M. *Pilâtre de Rozier forma, en 1782, dans la rue S.te Avoye à Paris, le* Musée *qui était connu sous son nom; mais bientôt ce local devint trop resserré et le Musée fut transporté dans celui qu'il occupe encore aujourd'hui, rue des Bons-Enfans près du palais royal, (actuellement palais du tribunat.)*

Pour mieux marquer son désir de complaire au public, M. Pilâtre de Rozier voulut, lors de ce chan-

gement, que les souscripteurs se donnassent eux-mêmes des administrateurs et un secrétaire perpétuel.

On daigna me confier cette dernière place, et le discours qui suit en fut le premier acte solennel.

La fin tragique du malheureux Pilâtre de Rozier[1] *changea le Musée en* Lycée, *dénomination que lui donnèrent les actionnaires dont il devint alors la propriété.*

En 1793, il fut nommé Lycée Républicain, *et depuis 1802, il*

---

(1) *Il perdit la vie, le 15 Juin 1785, à l'âge de 29 ans, près de Boulogne-sur-mer, par la chûte d'un ballon où il tentait une nouvelle expérience aérostatique, regretté de tous ceux qui connaissaient ses qualités personnelles et son courage que l'amour des sciences poussait jusqu'à l'audace.*

*existe sous le titre d'*Athénée de Paris.

Vingt-trois années d'existence et durant les tems les plus orageux, sont une preuve convaincante du succès de cet établissement. Le prix modique de la souscription annuelle qui est de 96 francs pour les hommes et de 48 francs pour les Dames, montre à son tour que la propagation des lumières est le but unique de ceux qui répondent de tous les frais de cet Athénée.

J'ajouterai ici un seul mot sur mon discours; c'est qu'en y plaçant quelques noms célèbres dans diverses parties des sciences, je n'ai jamais eu la pensée de leur assigner des rangs entr'eux, et que j'éprouve un vif regret de ce que les bornes de cet écrit ne m'aient pas permis de les offrir tous à la reconnaissance publique!

DISCOURS.

QUELLES preuves plus certaines de l'utilité de cet établissement que l'empressement avec lequel on y accourt de toute part; que les objets mêmes dont ces lieux sont décorés et qui parlent de cette utilité? En effet, de quelque côté que se portent les regards, tout annonce ici le culte qu'on rend aux sciences, tout dit combien sont admirables les secrets de la nature à la recherche desquels ce temple est consacré. Mais le sort du Musée serait trop beau si la prévention favorable qu'il a fait naître suffisait seule à son éloge: il faut encore prouver qu'il mérite cette prévention, par les nombreux avantages qu'il offre au public.

L'homme à qui son orgueil a facilement persuadé que tout avait été fait pour lui, a voulu se rendre l'objet de tout. Le sauvage qui poursuit au fond des forêts la bête fauve qui doit lui fournir sa nourriture et son vêtement; l'être civilisé qui a déjà ouvert un vaste champ à ses désirs, sont également mûs et dirigés par ce sentiment, et leur inégale industrie ne se promet pas moins que la conquête de l'univers. Comptant pour rien les travaux, les efforts que lui coûte son empire, l'homme croit dans sa folle ambition qu'il est né le roi du monde, et qu'il commande par les propres droits de sa destinée. Sublime erreur! à quels triomphes elle a conduit cet être faible qu'un souffle anéantit et qui n'existe qu'un instant pour reproduire dans une nouvelle génération l'idée de sa supériorité et préparer de nouveaux prodiges!

L'imagination semble même s'épuiser quand on réfléchit sur ce qu'auroit pu tenter l'espèce humaine, si, dans son délire, les bornes du globe qu'elle habite ne lui avaient pas parues trop resserrées, si sa monarchie imaginaire dégénérant en despotisme n'avait porté l'homme à se souiller de sang humain! Quelles barrières auraient arrêté son audacieux génie, si par une sorte de confédération générale, l'homme, en quelque lieu qu'il eût reçu le jour, se fût dévoué au bonheur commun et s'il n'eût connu que l'utilité pour la première comme pour l'unique mesure de sa gloire?

Mais ce système d'association universelle n'est lui-même qu'un enfant de cet orgueil qui nous promet la suprématie. Rendus à nous-mêmes, nous sentons que l'homme en se déifiant en quelque sorte, devait mettre de la gloire à combattre et à détruire l'homme comme le seul ennemi digne de lui.

Il est néanmoins dans l'espèce humaine une classe amie de toutes les autres, et qui ne jouit vraiment que quand on partage le fruit de ses travaux; semblable à l'abeille industrieuse, elle prépare des biens dont la jouissance lui est souvent inconnue; son émulation, c'est le voeu d'être utile; sa plus douce récompense, de savoir qu'elle l'est véritablement. Unis d'un lien commun, tous ceux qui forment cette classe précieuse s'aiment sans se connaître et se recherchent mutuellement sans autre but que l'avantage général. On croirait, pour ainsi dire, qu'ils ne composent qu'une même famille et que les succès des uns appartiennent aux autres.

Oui, les savans forment entr'eux un peuple de frères; c'est pour eux seuls que le monde entier n'est qu'une patrie où chacun voudrait rendre son nom cher et durable. Ce n'est pas pour plaire à quelques individus dans un des coins de la terre qu'ils consacrent leur vie à l'étude; c'est pour l'homme, quel qu'il soit, que leur génie s'enflamme. Leur siècle fût-il même ingrat, n'en sera pas moins l'objet de leurs soins; ils les redoubleront, au contraire, dans l'espoir qu'une postérité moins prévenue les estimera ce qu'ils valent, sans même remarquer qu'alors le triomphe n'honorera plus que la cendre du triomphateur!

Tel est vraiment le charme de la science qu'il conduit l'homme à se compter pour rien, s'il n'est pas utile. Tandis que par-tout un affreux égoïsme dirige nos actions, le savant ne voit en soi qu'un instrument formé par une puissance bienfaisante pour servir à la félicité de tous: un succès lui commande de chercher un autre succès, et sa laborieuse existence est un enchaînement de jouissances qui ne peuvent être appréciées que par ceux qui savent se les procurer.

La passion pour les sciences jouit même de l'heureux avantage de tempérer toutes les autres: si elle n'occupe pas l'ame toute entière, elle y répand toujours une sérénité qui rend toutes les vertus plus chères et qui ne fait rien perdre à la sensibilité qu'elle éclaire! Et sans ces biens inappréciables les sciences auraient-elles des adorateurs aussi constans? Des nations entières en auraient-elles fait l'objet d'une espèce de culte public? En parcourant l'antiquité nous voyons que des peuples rangeaient au nombre des mystères religieux tout ce qui avait rapport aux sciences, et se servaient ainsi, par un abus, coupable sans doute, de leur empire pour diriger plus aisément la crédulité publique.

Par-tout les sciences eurent des autels, et toutes les fois que les barbares vinrent les renverser en détruisant les empires, leur premier châtiment fut de regretter les merveilles qu'ils avaient anéanties.

Mais les sciences furent-elles jamais plus honorées que dans notre siècle où l'Europe entière leur paye un tribut mérité? Parmi nous-mêmes tout dépose de l'admiration qu'elles nous causent; une foule d'institutions de tous les genres rassemblent les savans, et la clarté produite par ces faisceaux de lumière, en se répandant au loin, éclaire le vulgaire et mérite sa reconnaissance. Il semble que ce soit autant de phares placés pour dissiper les ténèbres de l'ignorance et rendre tout-à-la-fois et plus sûre et plus agréable la route de la vie si semée d'écueils.

Cependant lorsque tout nous parle de l'hommage rendu aux sciences et à leurs admirateurs, il n'est point de lieux où ceux qui voudraient se consacrer à leur culte, puissent en quelque sorte éprouver leur vocation, où ceux à qui le devoir ne laisse que peu d'instans libres puissent les honorer par leurs regrets mêmes; de lieux enfin où une instruction peu coûteuse soit un attrait de plus pour l'émulation.

Ce serait en vain qu'on prétendrait que quelques écoles publiques remplissent ce but important: bornées à certains objets particuliers, éparses dans une ville immense, elles sont visiblement insuffisantes; mais si ces moyens imparfaits ont suffi pour exciter les plus beaux génies, qu'on juge combien les sciences sont séduisantes puisqu'on finit presque toujours par les idolâtrer, s'il est permis de se servir d'un mot qui exprime si bien ce qu'elles font éprouver.

C'est l'idée d'offrir, en quelque sorte, à chaque esprit un aliment qui lui soit propre, en flattant tous les goûts, et de procurer aux sciences et aux arts un culte libre qui a enfanté le projet de ce Musée consacré à l'utilité publique.

Et quel est le savant, l'homme éclairé, l'homme jaloux de s'instruire, à qui ce Musée, dont l'entrée n'est interdite qu'à ceux qui peuvent faire rougir l'honnêteté publique, n'offre pas un attrait? Le savant qui a besoin de consulter sans cesse les fastes de l'esprit humain, en trouvera le dépôt toujours ouvert. C'est en interrogeant le passé, en consultant ceux qui l'ont précédé dans la carrière, qu'il saura mettre à profit jusqu'à leurs erreurs et mériter d'être pris pour modèle à son tour.

Il peut apprendre ici ce que son siècle pense des savans des siècles précédens, de ses contemporains, de lui-même; il peut y trouver, dans un nouvel ouvrage, le nom de ses rivaux, et voir s'il les suit ou les précède dans la même route; tout peut donc ici lui servir, jusqu'aux cris de la haîne dont les feuilles périodiques deviennent quelquefois les échos!

S'il veut présenter une théorie brillante au flambeau de l'expérience, le Musée lui offre des ressources qu'il chercherait vainement ailleurs, ou qu'il n'obtiendrait qu'avec des sollicitations toujours pénibles pour l'homme utile qui n'en devrait jamais avoir besoin; il reconnaîtra si les principes qu'il adopte sont solides, ou s'il sacrifie à une chimère le tems dont la perte est quelquefois irréparable; enfin les savans recueilleront, à chaque instant, dans ce lieu, l'hommage volontaire qu'on leur paye avec tant d'empressement, et qui est par cela même le tribut le plus flatteur.

Ces avantages, du moins pour la plûpart, sont communs à ceux qui, sans prétendre à se faire un nom dans les sciences, les aiment et les cultivent par goût; se trouvant réunis par le même esprit, ils s'éclaireront réciproquement en se communiquant leurs vues, leurs idées; chacun retirera de cette espèce de société sa portion de connaissances augmentée. Et quel commerce plus attrayant que celui où la perte est inconnue, où l'on peut enrichir les autres sans se dépouiller, et où l'échange ajoute encore à ce qu'on possédait déjà? Effet presque miraculeux de l'association des hommes instruits où il se trouve toujours un gain pour tous, sans qu'il en coûte rien à personne!

Mais c'est à ceux qui ont le désir de s'instruire que ce Musée parait plus spécialement destiné. Que de semences fécondes il pourra faire éclore! Tout respire ici cette liberté enchanteresse qui devrait précéder tous les choix. Les sciences, semblables à la beauté, n'ont besoin pour plaire que de leurs propres charmes: elles subjuguent quelquefois, mais on aime leurs chaînes et on les porte avec orgueil. Que les hommes froids, que les hommes qui ne se captivent que par contrainte, ne pénètrent pas dans cet asyle: il faut y porter une ame et ils n'ont que des yeux. Mais vous que la nature a faits pour admirer ses merveilles, vous que le génie inspire et que le désir de la célébrité anime, venez savoir ici à quel objet particulier vous devez vous livrer, et par quelle route vous devez aller chercher l'immortalité.

Si en apprenant par la physique quel ordre immuable entretient ce vaste univers et force les élémens à obéir; si en voyant, à l'aide des mathématiques, que tout ce qui existe se meut suivant des loix rigoureuses; si en remarquant par l'astronomie que les mondes lumineux suspendus dans l'espace sont eux-mêmes assujettis à ce pouvoir suprême; si, dis-je, vous sentez que votre génie s'allume, élancez-vous dans la carrière avec Galilée, Descartes, Newton, Buffon; soulevez, s'il est possible, le reste du voile dont la nature se couvre encore, et tentez de l'arracher, s'il n'est pas placé au delà du terme marqué à la puissance humaine!

Sans cependant prétendre monter à ce rang glorieux où une longue suite de siècles n'a placé que quelques hommes, comme pour étonner tous les autres, il est encore beau d'être assis dans les rangs inférieurs et d'y attirer les regards.

La physique, cette science qui nous enseigne les règles du mouvement, et comment les rayons d'un astre bienfaisant créent pour nos yeux le spectacle étonnant et varié de la nature; comment l'air, en propageant les sons, établit une sorte de correspondance entre nous et les êtres inanimés; comment ce fleuve qui désaltère l'homme, acquiert une solidité transparente; comment la terre fournit à la végétation ces sucs nourriciers qui se transforment de mille manières pour produire les fleurs et les fruits; la physique enfin qui nous montre comment tout meurt sans que rien périsse, et qui embrasse à elle seule l'univers matériel, peut suffire à la gloire d'une foule de savans, comme le prouvent Musschenbroeck, Mariotte, Torricelli, Mairan et tant d'autres qui lui doivent toute leur célébrité.

Les mathématiques ont aussi leurs parties différentes et des grands hommes pour attester qu'il n'en est pas une seule à dédaigner. Euclyde, Leibnitz, Pascal, Clairaut, L'Hôpital, Euler, Lagrange, D'Alembert, voilà des modèles à suivre et des exemples de l'admiration qu'inspirent la géométrie, l'algèbre, et le calcul que l'homme a appliqué à des quantités qui lui échappent et qu'il a dénommé infinitésimal, comme si un être aussi passager que lui pouvait rien avoir de commun avec l'infini!

L'astronomie ouvre encore un vaste champ à l'ambition. C'est elle qui transportant, pour ainsi dire, l'homme du globe sur lequel il ne forme qu'un point imperceptible, jusques dans les régions célestes, le rend ainsi citoyen de l'univers. Ces soleils innombrables qui éclairent la voute éthérée sont connus de l'astronome qui sait leurs distances et prédit leurs retours: il va même jusqu'à s'approprier ceux que son insatiable curiosité lui fait découvrir, pour s'en faire un titre qui montre aux siècles futurs les efforts de son génie!

Ce n'est pas seulement la science qui rend célèbres les Ptolomée, les Hipparque, les Keppler, les La Caille, les Cassini, les Lalande, qui a des droits à notre admiration: celle qui nous apprend à connaître toutes les substances qui composent notre planète, est admise à la partager. Elle les divise en trois règnes pour nous offrir dans le premier les animaux dont nous nous sommes distingués pour avoir le droit de les juger; ensuite les végétaux qui naissent vivent et meurent fixés au même lieu; puis les minéraux cachés dans le sein de la terre où l'homme a été les chercher pour détruire l'homme, ou pour servir de salaire à ses vertus et à ses vices. Dans chacun de ces règnes nous trouvons des analogies frappantes; par-tout un mouvement intérieur des parties qui sert à leur développement; une organisation soumise à des loix invariables; une destruction et une reproduction successive; enfin par-tout la nature agissant incessamment et enfantant des merveilles dans le ciron comme dans l'éléphant, dans la sensitive comme dans le chêne, dans un grain de sable comme dans le roc qui brave les flots en furie!

C'est l'histoire naturelle, ce sont ses vrais sectateurs Linnée, Tournefort, Jussieu, Sennebier etc. qui nous démontrent combien est infinie la puissance qui conserve le monde; combien est profond et impénétrable le décret éternel qui en fixe la durée.

Mais si quelque chose peut ajouter à notre étonnement c'est de sentir que l'homme est pour lui-même un mystère inexplicable! Cet être dont l'audace ne connaît aucun frein et qui demande à la nature compte de ses secrets; cet être qui commande aux élémens ou qui les brave et qui semble dédaigner la demeure qui lui fut destinée puisqu'il s'élève au dessus d'elle aujourd'hui par un nouveau triomphe [a], est tout-à-la fois un assemblage d'atômes grossiers et une machine où les merveilles sont prodiguées pour en faire

(a) La découverte des ballons aerostatiques par M. De Montgolfier.

briller une plus grande encore, celle de sa conservation.

Homme, chef-d'oeuvre qu'on ne saurait nommer, viens voir l'homme sous le scalpel des Lieutaud, des Vicq-d'Azir, des Petit, des Vinslow, des Sue, des Haller etc. et t'éclairer sur ton néant! C'est d'un casque osseux que sortent et jaillissent les élans du génie, les idées sublimes; c'est dans une enveloppe terrestre qu'ont été nourris ces sentimens si célèbres d'héroïsme et de vertu qui d'âge en âge ravissent l'admiration! Homme, considère dans ton extase ce que tu dois admirer le plus de ton orgueil ou de ta faiblesse, et adore celui qui a pu les allier!

Il est encore ici une autre science qui invite à la suivre et qui plaît jusqu'à l'enthousiasme: il est même nécessaire de se garantir du délire qu'elle cause, délire d'autant plus dangereux qu'il s'est emparé quelquefois des plus grands hommes. On ne peut méconnaître à ces traits et la chimie et cette passion qui porte à sacrifier des richesses réelles pour en acquérir d'imaginaires. Mais la chimie qui nous montre quels sont les principes des corps, la combinaison de ces principes entr'eux, comment ils agissent les uns sur les autres; la chimie qui fournit à la médecine des moyens pour prolonger la vie et rendre la santé, ou qui, éclairant sur les procédés des arts, ajoute à nos jouissances; voilà celle qui, de nos jours, a fait des progrès si rapides et que les noms de Stahl, de Becher, de Morveau, de Sage, de Rouelle, de Macquer, de Lavoisier, de Bucquet, de Priestley, de Fourcroy, de Baumé, rendront à jamais célèbre.

L'on n'a pas cru dans ce Musée, où tout tend à l'avantage de l'homme, devoir négliger ce qui a rapport aux animaux qu'il a destinés à lui rendre un service habituel. En les associant à ses travaux, en les employant à satisfaire plus promptement ses désirs, il leur doit des soins qui puissent augmenter leur utilité en étendant la durée de leur existence, et l'hippiatrique et la médecine vétérinaire lui apprendront quels doivent être ces soins.

Enfin pour resserrer encore plus les liens qui unissent les savans, pour empêcher que les limites des empires ne bornent la destinée des ouvrages, nationaux ou étrangers, le Musée veut rendre familières les langues vivantes. Et qui pourrait dire tout ce que la connaissance de plusieurs idiômes peut produire en faveur des sciences? Transplanté dans une autre contrée, l'homme perd tout-à-coup la plus belle faculté qu'il tienne de la nature, celle de transmettre ses idées et d'exprimer ses sentimens. Conservonsla du moins à l'égard de nos voisins, à l'égard des nations qui ont des droits à notre estime, et que les étrangers que les beautés de cette capitale attirent, y trouvent le charme de plus de pouvoir y être entendus.

. Déjà même un peuple voisin est admis à partager les avantages de cet établissement, et l'espagnol n'y sera bientôt plus distingué du français! C'est à la reconnaissance d'un homme précieux, chéri des deux nations [(a)], que nous devons ce nouveau pacte de famille: il nous sera cher sans doute puisque nous sommes accoutumés à estimer la nation espagnole et que le destin propice qui nous fait une loi douce de l'aimer, a l'empire de nos coeurs.

Mais s'occuper de l'étude des langues étrangères sans être jaloux de connaître

---

(a) M. le Comte d'Estaing, Vice-Amiral de France.

la sienne propre, eût été le motif d'un reproche trop grave pour que le Musée n'ait pas songé à s'en garantir; ainsi cette langue dont la clarté est le caractère distinctif, qui semble avoir été créée pour l'enseignement, la langue française enfin dont toute l'Europe a adopté l'usage, comme celle de la raison et de l'urbanité, sera analysée et enseignée en indiquant les plus heureux emplois de son génie dans les ouvrages des grands maîtres.

Un cours d'histoire littéraire procurera encore des avantages d'un autre genre; en donnant une idée exacte des progrès de l'esprit humain dans une multitude de sujets dont la variété et la richesse sont inépuisables, il aura le double avantage de flatter notre amour-propre national et de nous montrer à chaque époque et nos efforts et ceux de nos contemporains; il nous fera juger nous-mêmes si nous avons un droit réel à cette opinion, qu'en matière de goût aucun de nos rivaux, malgré les titres les plus flatteurs obtenus par plusieurs d'entr'eux, ne peut exiger que nous lui cédions la préséance dont nous sommes redevables en tout genre aux Voltaire, aux Rousseau, aux Corneille, aux Racine, aux Boileau, aux La Fontaine, et à tant de chefs-d'oeuvre dont la seule nomenclature exigerait un ouvrage!

Et puis-je taire ce que ce Musée promet en outre dans le soin de présenter les tableaux de l'histoire proprement dite? L'homme et ses passions; quel sujet plus digne de nos recherches! Se jouant de tout au gré de ses caprices, insatiable de gloire, de puissance, de richesses, disons-le aussi, d'injustices, de crimes et de sang, l'homme est quelquefois le fléau le plus redoutable, et si la nature offre de loin en loin quelques-uns de ces êtres privilégiés que leurs vertus rendent dignes des hommages et de la touchante reconnaissance du monde entier, ce ne sont que des intervalles de repos toujours trop courts et semblables au sommeil d'un malade que la douleur a accablé!

C'est ainsi que les nations sont en proie à mille maux et déchirent leur propre sein; c'est ainsi que nous trouvons l'homme presque toujours malheureux par l'abus de cette intelligence qu'il reçut comme un moyen de bonheur. Voilà les tristes vérités que nous ont conservées Thucydide, Diodore, Tite-Live, Tacite, et que transmettront à nos neveux encore augmentées, quoiqu'avec les mêmes caractères, Oviedo, Brantôme, Hume, Denina, Velly, Herrera, Robertson etc.

Cependant l'histoire elle-même nous laisserait souvent sans guide lorsqu'elle nous parle de peuples qui ne sont plus, de grandes crises de la nature qui ont fait disparaître les vestiges des lieux occupés par ces peuples et quelquefois jusqu'à de grands traits du monde physique, si la géographie ne s'était pas consacrée à remplir ces lacunes, à nous présenter l'état actuel du globe. Or ici, la géographie sera la compagne de l'histoire.

Telle est l'esquisse imparfaite de ce que le Musée offre à ceux qui voudront se livrer à l'étude des sciences qui, liées ensemble et en quelque sorte fécondées l'une par l'autre, ont produit les arts qui ont avec elles des rapports nécessaires.

La sculpture prit de l'anatomie ses formes, ses proportions, mais elle ne dût qu'au génie l'art admirable d'animer la pierre et de pénétrer le marbre du feu des passions.

La peinture qui naquit après elle, prétendit à de plus grands succès, mais avec de plus grands moyens : aidée de l'optique et de l'effet magique des teintes, nuançant et mélangeant les couleurs, elle imita toute la nature. Tantôt majestueuse et sublime, tantôt humble et touchante, elle mérita d'être comparée à son modèle et le surpassa peut-être quelquefois par l'heureuse faculté de réunir des beautés qui ne sont qu'éparses dans la réalité. Tel fut même l'enthousiasme qu'elle sut inspirer qu'il enfanta la gravure, occupée de multiplier ses prodiges et qui s'associe à leur gloire en les défendant des ravages du temps.

L'architecture que dirigeait la géométrie, s'élevant par une noble ordonnance au dessus des combinaisons vulgaires, construisit des temples, des palais, et commanda le respect et l'admiration à l'homme étonné des chefs-d'oeuvre qu'il avait produits.

Les arts, même de pur agrément, tiennent aux sciences. La musique, pour nous attendrir par les accens d'une mélodie plaintive, pour nous étonner par les accords de l'harmonie imitative, recourt aux calculs mathématiques et leur doit une partie de ces triomphes enchanteurs qu'on ne peut décrire. La danse que la musique anime, obéit, à son tour, aux loix de la physique qui semblent lui avoir été enseignées par les Graces. Enfin ces arts que l'industrie de l'homme a rendus presque innombrables, doivent toute leur existence aux sciences: malgré cette diversité il n'est aucune de ces dernières qui soit étrangère à une autre, et l'on peut dire, avec vérité, qu'elles sont unies par des liens communs. Heureux les êtres privilégiés auxquels il est permis d'en aimer un grand nombre et d'en obtenir des faveurs!

Le Musée procurera donc des ressources multipliées aux savans et à ceux qui voudront le devenir; mais il en est une qu'on ne saurait trop priser: c'est l'exposition publique. Sans doute il est intéressant d'avoir un guide à l'entrée de la carrière, mais il faut y être encouragé pour arriver jusqu'au but. Et combien d'hommes auraient remporté le prix s'ils avaient eu des témoins de leurs efforts! Cet artiste à qui sa découverte ingénieuse pourrait faire un nom, cet autre dont les productions sont dignes d'éloge, cherchent des admirateurs et se dégoûtent parce qu'ils n'en trouvent pas, ou parce qu'ils ne rencontrent que des critiques dépréciateurs. Celui-ci aurait besoin de conseils pour ses essais, celui-là d'avis désintéressés pour marcher plus vite vers la perfection, et dans une ville où les hommes éclairés sont en grand nombre, on ne sait comment les réunir pour les interroger. Désormais le Musée va donner ce moyen aux artistes, aux hommes que leurs recherches auront conduits à des inventions utiles. En exposant leurs ouvrages, ils auront le public pour juge et ils le seront eux-mêmes les uns à l'égard des autres. Leur émulation, ainsi excitée, produira des chefs-d'oeuvre nouveaux et ils n'auront plus besoin de mendier les avis et les suffrages. Ici leurs talens leur serviront de titres ainsi que de protecteurs: ils y pourront même recueillir le sentiment général en taisant leurs noms, et garantis alors et d'un blâme jaloux et d'un éloge complaisant, ils pourront dire avec raison qu'ils ne doivent qu'à eux-mêmes les succès qu'ils obtiendront.

On me reprochera peut-être d'avoir attendu si long-tems pour parler d'un avantage que ce Musée ne partage avec aucun autre établissement relatif aux sciences: c'est de voir parmi ses partisans ce sexe adoré qui semble y venir disputer aux sciences leurs admirateurs. Séduites par des hommes superficiels qui, redoutant la comparaison, leur persuadaient que les savans étaient des êtres sombres et farouches, les femmes ont fait longtems leurs délices de leur frivolité; mais elles savent enfin, par leur propre expérience, que l'amour des sciences ne fait rien perdre aux vertus sociales: elles ont même le talent de faire servir cet amour à rendre encore plus dangereux l'art séduisant de plaire. Sexe charmant, combien votre présence ajoute aux plaisirs purs qu'on goûte dans cet asyle! Embellissez-le souvent, et les sciences y auront un culte encore plus assidu.

C'est sans doute avoir assez entretenu cette assemblée nombreuse de l'utilité du Musée, il faut nous occuper de la gloire qu'il reçoit lui-même à l'époque de son inauguration dans ce lieu qu'un prince bienfaisant lui a destiné [a]. Et

---

(a) M. le duc d'Orléans.

quelle gloire plus flatteuse que celle de devenir le temple où la nation acquitte un tribut envers les sciences! Mais à laquelle faudra-t-il décerner la couronne?.... Remettons-la à Suffren [a], et sa main, en la plaçant sur le front de Buffon [b], nous fera voir la valeur couronnant le génie!

Interprête de la nature, vaste et profond comme elle, Buffon a tout embrassé: s'il parle de la formation du globe, il semble en avoir été le témoin; s'il parle des autres mondes répandus dans l'espace, on croirait qu'il les vit sortir du chaos et qu'il entendit l'Éternel leur dicter des loix: l'homme est peint dans ses écrits comme l'objet de la complaisance du Créateur qui l'appelle à la plus haute destinée; un reptile, un insecte, tout est grand, tout commande l'admiration dès qu'il occupe

(a) M. le bailli de Suffren, présent à la séance.

(b) Le buste de M. de Buffon ornait la salle du Musée.

sa plume éloquente; par-tout égal à lui-même, la vérité de ses images, le coloris de son style attachent encore plus aux objets qu'il dépeint et un charme nouveau ramène toujours à ses ouvrages qui, en illustrant notre siècle, semblent faits pour l'instruction des siècles futurs!

FIN.

www.ingramcontent.com/pod-product-compliance
Ingram Content Group UK Ltd.
Pitfield, Milton Keynes, MK11 3LW, UK
UKHW020419220726
13923UKWH00005B/2040

9 782019 299224